Todos los libros de Linkgua Ediciones cuentan con modelos de Inteligencia Artificial entrenados por hispanistas. Pregúntale al chat de tu libro lo que desees acerca de la obra o su autor/a.

Para ebooks: Accede a nuestro modelo de IA a través de este enlace.

Para libros impresos: Escanea el código QR de la portada con tu dispositivo móvil.

Obtén análisis detallados de nuestros libros, resúmenes, respuestas a tus preguntas y accede a nuestras ediciones críticas generativas para una experiencia de lectura más enriquecedora.
La transparencia y el respeto hacia la autoría de las fuentes utilizadas son distintivos básicos de nuestro proyecto. Por ello, las respuestas ofrecen, mediante un sistema de citas, las fuentes con las que han sido elaboradas.

Baltasar de Alcázar

Poemas

Barcelona 2024
Linkgua-ediciones.com

Créditos

Título original: Poemas.

© 2024, Red ediciones S.L.

e-mail: info@red-ediciones.com

Diseño de cubierta: Michel Mallard.i

ISBN rústica: 978-84-9816-590-6.
ISBN ebook: 978-84-9897-628-1.

Cualquier forma de reproducción, distribución, comunicación pública o transformación de esta obra solo puede ser realizada con la autorización de sus titulares, salvo excepción prevista por la ley. Diríjase a CEDRO (Centro Español de Derechos Reprográficos, www.cedro.org) si necesita fotocopiar, escanear o hacer copias digitales de algún fragmento de esta obra.

Sumario

Créditos	4
Brevísima presentación	7
La vida	7
Yo acuerdo revelaros un secreto	9
A Cristo	11
Al amor	13
Cercada está mi alma de contrarios	15
Di, rapaz mentiroso	17
Una cena	19
Preso de amores	25
Su modo de vivir en la vejez	27
A una mujer escuálida	29
Job	31
El estudiante	33
La capa	35

Salir por pies	37
Los ojos de Ana	39
Constanza	41
En el baile	43
La nariz de Clara	45
A un giboso de delante	47
Dios os guarde	49
Doña Valentina	51
Libros a la carta	53

Brevísima presentación

La vida
Baltasar de Alcázar (Sevilla, 1530-1606). España.

Fue el sexto hijo del jurado Luis del Alcázar y soldado en las galeras de don Álvaro de Bazán, marqués de Santa Cruz. Se casó en 1565 siendo un poeta renombrado y fue alcaide de la villa de Los Molares por mandato del duque de Alcalá Fernando Enríquez de Ribera.

En 1583 regresó a Sevilla para ser administrador del conde de Gelves. Murió en 1606, se cree que en Sevilla.

Yo acuerdo revelaros un secreto

Yo acuerdo revelaros un secreto
en un soneto, Inés, bella enemiga;
mas, por buen orden que yo en éste siga,
no podrá ser en el primer cuarteto.

Venidos al segundo, yo os prometo
que no se ha de pasar sin que os lo diga;
mas estoy hecho, Inés, una hormiga,
que van fuera ocho versos del soneto.

Pues ved, Inés, qué ordena el duro hado,
que teniendo el soneto ya en la boca
y el orden de decillo ya estudiado,

conté los versos todos y he hallado
que, por la cuenta que a un soneto toca,
ya este soneto, Inés, es acabado.

A Cristo

Cansado estoy de haber sin Ti vivido,
que todo cansa en tan dañosa ausencia.
Mas, ¿qué derecho tengo a tu clemencia,
si me falta el dolor de arrepentido?

Pero, Señor, en pecho tan rendido
algo descubrirás de suficiencia
que te obligue a curar como dolencia
mi obstinación y yerro cometido.

Tuya es mi conversión y Tú la quieres;
tuya es, Señor, la traza y tuyo el medio
de conocerme yo y de conocerte.

Aplícale a mi mal, por quien Tú eres,
aquel eficasísimo remedio
compuesto de tu sangre, vida y muerte.

Al amor

Amor, no es para mí ya tu ejercicio,
porque cosa que importa no la hago;
antes lo que tú intentas yo lo estrago,
porque no valgo un cuarto en el oficio.

Hazme pues, por tu fe, este beneficio:
que me sueltes y des carta de pago.
Infamia es que tus tiros den en vago:
procura sangre nueva en tu servicio.

Ya yo con solas cuentas y buen vino
holgaré de pasar hasta el extremo;
y si me libras de prisión tan fiera,

de aquí te ofrezco un viejo mi vecino
que te sirva por mí en el propio remo,
como quien se rescata de galera.

Cercada está mi alma de contrarios

Cercada está mi alma de contrarios;
la fuerza, flaca; el castellano, loco;
el presidio, infiel, bisoño y poco,
ningunos los pertrechos necesarios.

Los socorros que espero, voluntarios,
porque ni los merezco ni provoco;
tan desvalido, que aun a Dios no invoco
porque mis consejeros andan varios.

Los combates, continuos, y la ofensa;
los enemigos, de ánimo indomable;
rota por todas partes la muralla.

Nadie quiere acudir a la defensa...
¿qué hará el castellano miserable
que en tanto estrecho y confusión se halla?

Di, rapaz mentiroso

Di, rapaz mentiroso, ¿es esto cuanto
me prometiste presto y a pie quedo?
¿Andar mirlado entre esperanza y miedo,
cercado de respetos, hecho un tanto?

Sustos, celos, favores, risa y llanto
dalos, Amor, a quien se lame el dedo;
los que me diste a mí te vuelvo y cedo,
no quiero tomar más cosa de espanto.

Bien siento las heridas y que salgo
de tu poder para ponerme en cura,
porque tengo aún abiertas las primeras.

Y juro por la fe de hijodalgo
de si mi buen propósito me dura
de no partir de hoy más contigo peras.

Una cena

En Jaén, donde resido,
vive don Lope de Sosa
y diréte, Inés, la cosa
más brava de él que has oído.

Tenía este caballero
un criado portugués...
Pero cenemos, Inés
si te parece primero.

La mesa tenemos puesta,
lo que se ha de cenar junto,
las tazas del vino a punto:
falta comenzar la fiesta.

Comience el vinillo nuevo
y échole la bendición;
yo tengo por devoción
de santiguar lo que bebo.

Franco, fue, Inés, este toque,
pero arrójame la bota;
vale un florín cada gota
de aqueste vinillo aloque.

¿De qué taberna se traxo?
Mas ya..., de la del Castillo
diez y seis vale el cuartillo,
no tiene vino más baxo.

Por nuestro Señor, que es mina
la taberna de Alcocer;
grande consuelo es tener
la taberna por vecina.

Si es o no invención moderna,
vive Dios que no lo sé,
pero delicada fue
la invención de la taberna.

Porque allí llego sediento,
pido vino de lo nuevo,
mídenlo, dánmelo, bebo,
págolo y voyme contento.

Esto, Inés, ello se alaba,
no es menester alaballo;
solo una falta le hallo
que con la priesa se acaba.

La ensalada y salpicón
hizo fin: ¿qué viene ahora?
La morcilla, ¡oh gran señora,
digna de veneración!

¡Qué oronda viene y qué bella!
¡Qué través y enjundia tiene!
Paréceme, Inés, que viene
para que demos en ella.

Pues sus, encójase y entre,

que es algo estrecho el camino.
No eches agua, Inés, al vino,
no se escandalice el vientre.

Echa de lo tras añejo,
porque con más gusto comas,
Dios te guarde, que así tomas,
como sabia mi consejo.

Mas di, ¿no adoras y aprecias
la morcilla ilustre y rica?
¡Cómo la traidora pica;
tal debe tener de especias!

¡Qué llena está de piñones!
Morcilla de cortesanos,
y asada por esas manos
hechas a cebar lechones.

El corazón me revienta
de placer; no sé de ti.
¿Cómo te va? Yo, por mí,
sospecho que estás contenta.

Alegre estoy, vive Dios:
mas oye un punto sutil:
¿no pusiste allí un candil?
¿Cómo me parecen dos?

Pero son preguntas viles;
ya sé lo que puede ser:
con este negro beber

se acrecientan los candiles.

Probemos lo del pichel,
alto licor celestial;
no es el aloquillo tal,
no tiene que ver con él.

¡Qué suavidad! ¡Qué clareza!
¡Qué rancio gusto y olor!
¡Qué paladar! ¡Qué color!
¡Todo con tanta fineza!

Mas el queso sale a plaza
la moradilla va entrando,
y ambos vienen preguntando
por el pichel y la taza.

Prueba el queso, que es extremo,
el de Pinto no le iguala;
pues la aceituna no es mala
bien puedes bogar su remo.

Haz, pues, Inés, lo que sueles,
daca de la bota llena
seis tragos; hecha es la cena,
levántese los manteles.

Ya que, Inés, hemos cenado
tan bien y con tanto gusto,
parece que será justo
volver al cuento pasado.

Pues sabrás, Inés hermana,
que el portugués cayó enfermo...
Las once dan, yo me duermo;
quédese para mañana.

Preso de amores

Tres cosas me tienen preso
de amores el corazón,
la bella Inés, el jamón
y berenjenas con queso.

Esta Inés, amantes, es
quien tuvo en mí tal poder,
que me hizo aborrecer
todo lo que no era Inés.

Trájome un año sin seso,
hasta que en una ocasión
me dio a merendar jamón
y berenjenas con queso.

Fue de Inés la primer palma,
pero ya júzgase mal
entre todos ellos cuál
tiene más parte en mi alma.

En gusto, medida y peso
no le hallo distinción,
ya quiero Inés, ya jamón,
ya berenjenas con queso.

Alega Inés su beldad,
el jamón que es de Aracena,
el queso y berenjena
la española antigüedad.

Y está tan fiel en el peso
que juzgado sin pasión
todo es uno, Inés, jamón,
y berenjenas con queso.

A lo menos este trato
de estos mis nuevos amores,
hará que Inés sus favores,
me los venda más barato.

Pues tendrá por contrapeso
si no hiciere razón,
una lonja de jamón
y berenjenas con queso.

Su modo de vivir en la vejez

Deseáis, señor Sarmiento,
saber en estos mis años,
sujetos a tantos daños,
cómo me porto y sustento.

Yo os lo diré en brevedad,
porque la historia es bien breve,
y el daros gusto se os debe
con toda puntualidad.

Salido el Sol por oriente
de rayos acompañado,
me dan un huevo pasado
por agua, blando y caliente.

Con dos tragos del que suelo
llamar yo néctar divino,
y a quién otros llaman vino
porque nos vino del cielo.

Cuando el luminoso vaso
toca en la meridional,
distando por un igual
del Oriente y del ocaso,

me dan asada y cocida
una gruesa y gentil ave,
con tres veces del suave
licor que alarga la vida.

Después que cayendo, viene
a dar en el mar Hesperio,
desamparado el imperio
que en este horizonte tiene;

me suelen dar a comer
tostadas en vino mulso,
que el enflaquecido pulso
restituyen a su ser.

Luego me cierran la puerta,
yo me entrego al dulce sueño,
dormido soy de otro dueño;
no sé de mi nueva cierta.

Hasta que, habiendo Sol nuevo
me cuentan cómo he dormido:
y así de nuevo les pido
que me den néctar y huevo.

Ser vieja la casa es esto:
veo que se va cayendo,
voile puntales poniendo
porque no caiga tan presto.

Más todo es vano artificio;
presto me dicen mis males
que han de faltar los puntales
y allanarse el edificio.

A una mujer escuálida

Yace en esta losa dura
una mujer tan delgada
que en la vaina de una espada
se trajo a la sepultura.
Aquí el huésped notifique
dura punta o polvo leve,
que al pasar no se la lleve,
o al pisarla, no se pique.

Job

A Job el diablo tentó
con tanta solicitud,
que los bienes, la salud
y los hijos le quitó.
Más no pudiendo vencer
su virtud, por inquietarle,
trató de desesperarle
y le dejó... la mujer.

El estudiante

Cierto día un estudiante
al revisar su ropilla,
se encontró en la pantorrilla,
un enorme interrogante.
Siguió el pobrete adelante,
y al ver que en puntos hervía
su calceta, maldecía
diciendo: «¡Cuán bueno fuera
si más estambre tuviera
y menos ortografía!».

La capa

No es delito contra el Papa
que os riáis, señor Centeno;
pero no tengo por bueno
que se ría vuestra capa.
y si ropero que os fíe
otra capa no tenéis,
mejor será que lloréis,
cuando la capa se ríe.

Salir por pies

Mostróme Inés, por retrato
de su belleza los pies;
yo la dije: —Eso es, Inés,
buscar cinco pies al gato.
Rióse, y como eran bellos,
y ella por extremo bella,
arremetí por cogella,
y escapóseme por ellos.

Los ojos de Ana

Bellos ojos tienes, Ana,
mas, ¿por qué a mi parecer
se inclina el mundo a tener
por más bellos los de Juana?
Haz que te preste los tuyos,
y álzate después con ellos,
que no es bien que ojos tan bellos
se diga que no son tuyos.

Constanza

Dos galanes pelearon
sobre Constanza una tarde:
Mirad, así Dios nos guarde,
para donde lo guardaron.
Si nació la enemistad
de verse un poco apretados,
dos pueden caber holgados
y aún tres a necesidad.

En el baile

Entraron en una danza
doña Constanza y don Juan:
cayó, danzando, el galán,
pero no doña Constanza.
De la gente cortesana
que lo vio, quedó juzgado
que don Juan era pesado;
doña Constanza, liviana.

La nariz de Clara

Tu nariz, hermana Clara,
ya vemos visiblemente
que parte desde la frente:
no hay quién sepa dónde para.
Mas puesto que no haya quien,
por derivación se saca
que una cosa tan bellaca
no puede parar en bien

A un giboso de delante

Un socarrón mesonero
dijo a un giboso al revés:
—No me neguéis esta vez
que cargasteis delantero.
El gibado, a estas razones
replicó: —Es muy importante
llevar la carga delante
quien se halla entre ladrones.

Dios os guarde

De la dama que da luego,
sin decir vuelva a la tarde,
Dios os guarde.

De la que a nadie despide
y al que la pide a las nueve
a las diez ya no le debe
nada de lo que la pide:
De la que así se comide
como si no hubiese tarde
Dios os guarde.

De la que no da esperanza,
porque no consiente medio
entre esperanza y remedio,
que el uno al otro no alcanza;
de quien desde su crianza
siempre aborreció dar tarde
Dios os guarde.

De la que en tal punto está
que de todo se adolece,
y al que no la pide ofrece
lo que al que le pide da;
de quien dice al que se va
sin pedirla, que es cobarde,
Dios os guarde.

De la que forma querella

de quien en su tierna edad
le impidió la caridad
y los ejercicios de ella;
de la que si fue doncella
no se acuerde por ser tarde,
Dios os guarde.

Doña Valentina

Tratando estoy de qué modo
podría escribir ahora
vuestro nombre, mi señora,
y el don en un verso todo.
Sale el efeto diverso,
porque por sílabas salen
la «señora doña Valen»,
y el «tina» sobra del verso.
Pues si entrare el verso con
mi «señora Valentina»,
no es razón ni cosa dina,
porque al nombre falta el «don».
Y quitárselo al desgaire
por medir el verso justo,
es un donaire sin gusto,
y un peligroso donaire.

Libros a la carta

A la carta es un servicio especializado para
empresas,
librerías,
bibliotecas,
editoriales
y centros de enseñanza;
y permite confeccionar libros que, por su formato y concepción, sirven a los propósitos más específicos de estas instituciones.

Las empresas nos encargan ediciones personalizadas para marketing editorial o para regalos institucionales. Y los interesados solicitan, a título personal, ediciones antiguas, o no disponibles en el mercado; y las acompañan con notas y comentarios críticos.

Las ediciones tienen como apoyo un libro de estilo con todo tipo de referencias sobre los criterios de tratamiento tipográfico aplicados a nuestros libros que puede ser consultado en Linkgua-ediciones.com.

Linkgua edita por encargo diferentes versiones de una misma obra con distintos tratamientos ortotipográficos (actualizaciones de carácter divulgativo de un clásico, o versiones estrictamente fieles a la edición original de referencia).

Este servicio de ediciones a la carta le permitirá, si usted se dedica a la enseñanza, tener una forma de hacer pública su interpretación de un texto y, sobre una versión digitalizada «base», usted podrá introducir interpretaciones del texto fuente. Es un tópico que los profesores denuncien en clase los desmanes de una edición, o vayan comentando errores de interpretación de un texto y esta es una solución útil a esa necesidad del mundo académico.

Asimismo publicamos de manera sistemática, en un mismo catálogo, tesis doctorales y actas de congresos académicos, que son distribuidas a través de nuestra Web.

El servicio de «libros a la carta» funciona de dos formas.

1. Tenemos un fondo de libros digitalizados que usted puede personalizar en tiradas de al menos cinco ejemplares. Estas personalizaciones pueden ser de todo tipo: añadir notas de clase para uso de un grupo de estudiantes, introducir logos corporativos para uso con fines de marketing empresarial, etc. etc.

2. Buscamos libros descatalogados de otras editoriales y los reeditamos en tiradas cortas a petición de un cliente.

www.ingramcontent.com/pod-product-compliance
Lightning Source LLC
Chambersburg PA
CBHW032059040426
42449CB00007B/1142